0

nul

zero

10

tien

dez

20

twintig

vinte

30

dertig

trinta

40

veertig

quarenta

50

vijftig

cinquenta

60

zestig

sessenta

70

zeventig

setenta

80

tachtig

oitenta

90

negentig

noventa

100

honderd

cem

1000

duizend

mil

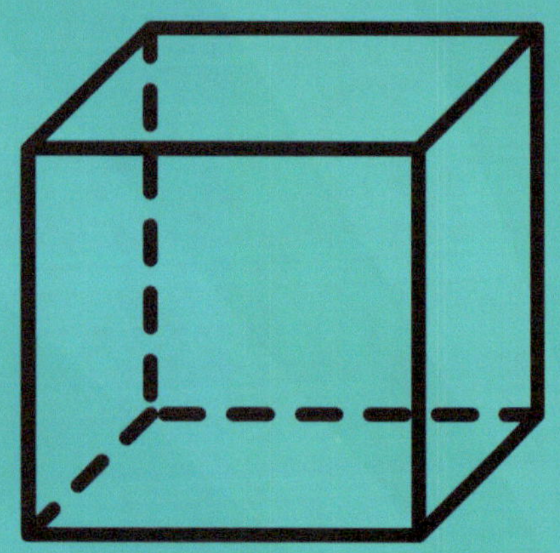

kubus

cubo

blok

bloco

ijsblokje

cubo de gelo

karamel

caramelo

suiker

açúcar

dobbelstenen

dados

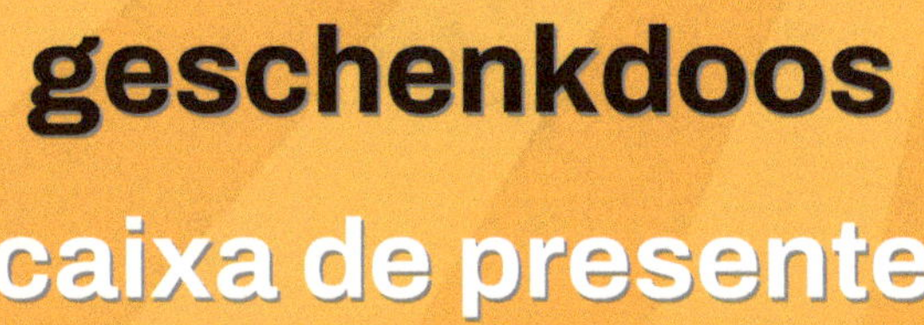

geschenkdoos

caixa de presente

kartonnen doos

caixa de papelão

bol

esfera

ijsschep

colher de sorvete

parel

pérola

bubbel

bolha

knikkers

mármores

sneeuwbal

bola de neve

planeet

planeta

tennisbal

bola de ténis

cilinder

cilindro

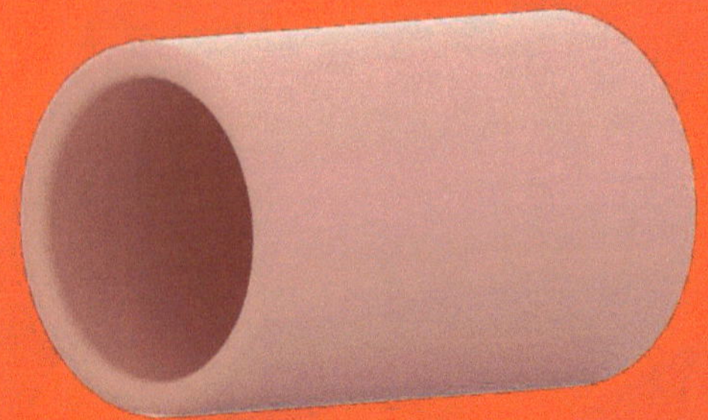

buis

tubo

batterijen

baterias

draadspoel

carretel de linha

kaneel

canela

deegroller

rolo da massa

worst

salsicha

hooibaal

fardo de feno

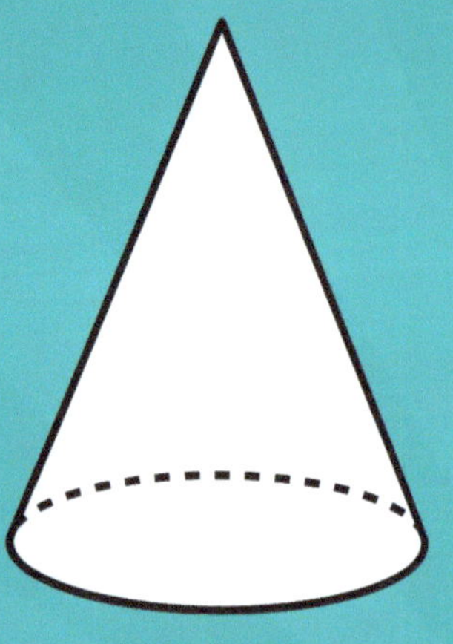

kegel

cone

wegkegel

cone de trânsito

ijshoorntje

cone de gelado

heksenhoed

chapéu de bruxa

kerker

calabouço

spar

abeto

feesthoed

chapéu de festa

slak

caracol

braambes

amora

bes

groselha

clementine

clementina

durian

durião

drakenfruit

pitaia

jackfruit

jaca

stervrucht

carambola

asperge

espargos

radijs

rabanete

rode boon

feijão-vermelho

raap

nabo

cassave

mandioca

yam

inhame

kikkererwten

grão-de-bico

adelaar

águia

vleermuis

morcego

bever

castor

flamingo

flamingo

raaf

corvo

merel

melro

pimpelmees

chapim-azul

ekster

pega

zwaluwvogel

andorinha

leeuwerik

cotovia

parkiet

periquito

specht

pica-pau

pauw

pavão

papegaai

papagaio

toekan

tucano

ooievaar

cegonha

koraal

coral

zeeanemoon

anémona-do-mar

zee-egel

ouriço-do-mar

zeepaardje

cavalo-marinho

clownvis

peixe-palhaço

goudvis

peixinho dourado

krab

caranguejo

heremietkreeft

caranguejo eremita

dolfijn

golfinho

narwal

narval

octopus

polvo

inktvis

lula

walvishaai

tubarão-baleia

orka

orca

blauwe vinvis

baleia azul

witte dolfijn

baleia-beluga

hamerhaai

tubarão-martelo

witte haai

tubarão-branco

citroenhaai

tubarão-limão

tijgerhaai

tubarão-tigre

sprinkhaan

gafanhoto

rups

lagarta

schorpioen

escorpião

hagedis

lagarto

dinosaurussen

dinossauros

zwart haar

cabelo preto

rood haar

cabelo ruivo

bruin haar

cabelo castanho

blond haar

cabelo louro

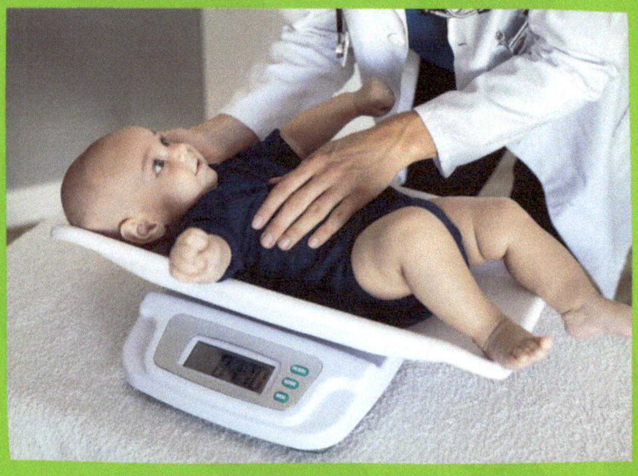

weegschaal

balança

ziekenhuis

hospital

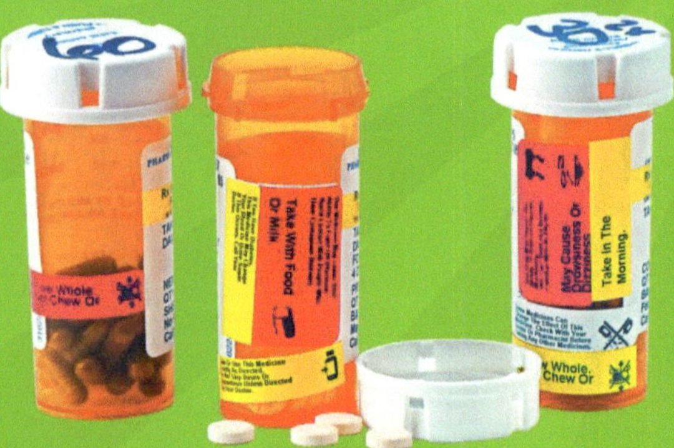

medicijn

medicina

thermometer

termómetro

verband

ligadura

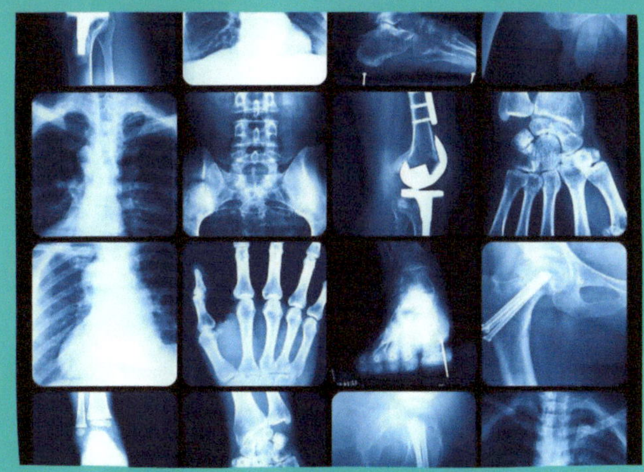

röntgenfoto

raio-x

dokter

médico

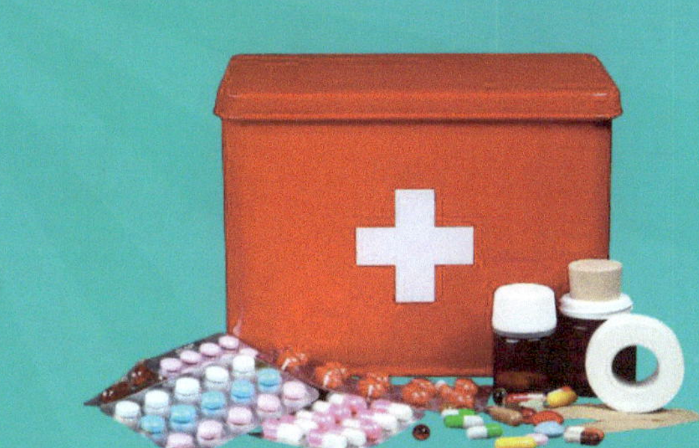

EHBO-kit

kit de primeiros socorros

spelen

jogar

tekenen

desenhar

tellen

contar

schrijven

escrever

dansen

dança

zwemmen

natação

skiën

esquiar

basketbal

basquetebol

tennis

ténis

tafeltennis

pingue-pongue

voetbal

futebol

paardrijden

passeios a cavalo

ijshockey

hóquei no gelo

judo

judo

boksen

boxe

hardlopen

corrida

honkbal

basebol

cricket

críquete

rugby

rúgbi

volleybal

voleibol

maracas

maracas

tamboerijn

pandeireta

xylofoon

xilofone

viool

violino

piano

piano

gitaar

guitarra

cello

violoncelo

harp

harpa

trommel

tambor

djembé

djembe

drumstel

bateria

trompet

trompete

hoorn

trompa

saxofoon

saxofone

fluit

flauta

koptelefoon

auscultadores

zingen

cantar

bladmuziek

partitura

microfoon

microfone